VOLIM SVOJU MAMU
I LOVE MY MOM

Šeli Admont
Ilustrovali Sonal Gojal i Sumit Sahuja

www.sachildrensbooks.com
Copyright©2015 by S. A. Publishing ©2017 by KidKiddos Books Ltd.
innans@gmail.com

All rights reserved. No part of this book may be reproduced in any form or by any electronic or mechanical means, including information storage and retrieval systems, without written permission from the publisher or author, except in the case of a reviewer, who may quote brief passages embodied in critical articles or in a review.
Sva prava zadržana.

First edition, 2017
Translated from English by Nada Stojilković
Prevela sa engleskog jezika Nada Stojilković

Library and Archives Canada Cataloguing in Publication
I Love My Mom (Serbian English Bilingual Edition)/ Shelley Admont
ISBN: 978-1-5259-0269-7 paperback
ISBN: 978-1-5259-0270-3 hardcover
ISBN: 978-1-5259-0268-0 eBook

Please note that the Serbian and English versions of the story have been written to be as close as possible. However, in some cases they differ in order to accommodate nuances and fluidity of each language.
Although the author and the publisher have made every effort to ensure the accuracy and completeness of information contained in this book, we assume no responsibility for errors, inaccuracies, omission, inconsistency, or consequences from such information.

Za one koje volim najviše-S.A.

For those I love the most-S. A.

Sutra je mamin rođendan. Mali zeka Džimi i njegova dva starija brata šaputali su u svojoj sobi.

Tomorrow was Mom's birthday. The little bunny Jimmy and his two older brothers were whispering in their room.

"Hajde da razmislimo", reče najstariji brat. "Poklon za mamu treba da bude veoma poseban."

"Let's think," said the middle brother. "The present for Mom should be very special."

"Džimi, ti uvek imaš dobre ideje", dodao je srednji brat. "Šta misliš?"

"Jimmy, you always have good ideas," added the oldest brother. "What do you think?"

"Hmmm...", Džimi je počeo da razmišlja. Odjednom je uzviknuo: "Mogu da joj dam svoju omiljenu igračku – svoj voz!" Izvadio je voz iz kutije za igračke i pokazao ga braći.

"Ahm..." Jimmy started thinking hard. Suddenly he exclaimed, "I can give her my favorite toy — my train!" He took the train out of the toy box and showed it to his brothers.

"Mislim da mama ne želi tvoj voz", reče najstariji brat. "Treba da smislimo nešto drugo. Nešto što će joj se baš dopasti."

"I don't think Mom wants your train," said the oldest brother. "We need another idea. Something that she will really like."

"Možemo joj dati knjigu", veselo uzviknu srednji brat.

"We can give her a book," screamed the middle brother happily.

"Knjigu? To je savršen poklon za mamu", odgovori najstariji brat.

"A book? It's a perfect gift for Mom," replied the oldest brother.

"Da, možemo joj dati moju omiljenu knjigu", reče srednji brat dok je prilazio polici sa knjigama.

"Yes, we can give her my favorite book," said the middle brother as he approached the bookshelf.

"Ali mama voli knjige o misterijama", reče Džimi tužno. "A ovo je knjiga za decu."

"But Mom likes mystery books," said Jimmy sadly, "and this book is for kids."

"Pretpostavljam da si u pravu", složio se srednji brat. "Šta da radimo?"

"I guess you're right," agreed his middle brother. "What should we do?"

Tri brata zekana su sedela i tiho razmišljala, dok na kraju najstariji brat ne reče:

The three bunny brothers were sitting and thinking quietly, until the oldest brother finally said,

"Samo jedna stvar mi pada na pamet. Nešto što možemo sami napraviti, poput čestitke."

"There is only one thing that I can think of. Something that we can do by ourselves, like a card."

"Možemo nacrtati milione miliona srca", reče srednji brat.

"We can draw millions of millions of hearts and kisses," said the middle brother.

"I reći mami koliko je volimo", dodade najstariji brat.

"And tell Mom how much we love her," added the oldest brother.

Postali su veoma uzbuđeni i bacili su se na posao.
They all became very excited and started to work.

Tri zeke su naporno radile. Sekli su i lepili, savijali i bojili.
Three bunnies worked very hard. They cut and glued, folded and painted.

Džimi i njegov srednji brat su crtali srca i poljupce. Kada su završili, dodali su još srca i još više poljubaca.
Jimmy and his middle brother drew hearts. When they finished, they added more hearts and even more kisses.

Onda je najstariji brat napisao velikim slovima:
Then the oldest brother wrote in large letters:

"Srećan rođendan mamice! Mnooooooooogo te volimo. Tvoja deca."
"Happy birthday, Mommy! We love you soooooooo much. Your kids."

Konačno je čestitka bila spremna. Džimi se osmehnuo.

Finally, the card was ready. Jimmy smiled.

"Siguran sam da će se mami dopasti", reče on, brišući svoje prljave ruke o pantalone.

"I'm sure Mom will like it," he said, wiping his dirty hands on his pants.

"Džimi, šta to radiš?", vrisnuo je najstariji brat. "Zar ne vidiš da su ti ruke prekrivene bojom i lepkom?"

"Jimmy, what are you doing?" screamed the oldest brother. "Don't you see your hands are covered in paint and glue?"

"Jao, jao...", reče Džimi. "Nisam primetio. Izvini!"

"Oh, oh..." said Jimmy. "I didn't notice. Sorry!"

"Sada mama mora da pere veš na svoj rođendan", dodade najstariji brat, gledajući Džimija prekorno.

"Now Mom has to do laundry on her own birthday," added the oldest brother, looking at Jimmy strictly.

"Nema šanse! Neću dozvoliti da se to desi!" uzviknuo je Dzimi. "Sam ću oprati svoje pantalone."

"No way! I won't let this happen!" exclaimed Jimmy. "I'll wash my pants myself."

Zajedno su oprali svu boju i lepak sa Džimijevih pantalona i okačili ih da se suše.

Together they washed all the paint and glue from the pants and hung them to dry.

Vraćajući se u svoju sobu, Džimi je bacio pogled na dnevnu sobu i ugledao mamu.

On the way back to their room, Jimmy gave a quick glance into living room and saw their Mom there.

"Pogledajte, mama spava na kauču", šapnuo je Džimi svojoj braći.

"Look, Mom is sleeping on the couch," whispered Jimmy to his brothers.

"Doneću moje ćebe", reče stariji brat i otrča nazad do sobe.

"I'll bring my blanket," said the older brother who ran back to their room.

Džimi je stajao i posmatrao mamu kako spava. U tom trenutku je shvatio šta bi bio savršen poklon za nju. Nasmešio se.

Jimmy was standing and looking at his Mom sleeping. In that moment he realized what the perfect gift for their Mom should be. He smiled.

"Imam ideju!", reče Džimi kada se najstariji brat vratio sa ćebetom.

"I have an idea!" said Jimmy when the oldest brother came back with the blanket.

Došapnuo je nešto svojoj braći i sve tri zeke su klimnule glavom, široko se osmehujući.

He whispered something to his brothers and all three bunnies nodded their heads, smiling widely.

Tiho su prišli kauču i pokrili svoju mamu ćebetom.

Quietly they approached the couch and covered their Mom with the blanket.

Sva trojica su je nežno poljubila i prošaputala: "Volimo te mamice."

Each of them kissed her gently and whispered, "We love you, Mommy."

Mama je otvorila oči. "Oh, volim i ja vas", reče ona osmehujući se i grleći svoje sinove.

Mom opened her eyes. "Oh, I love you too," she said, smiling and hugging her sons.

Sledećeg jutra, tri brata su se probudila veoma rano kako bi pripremila poklon iznenađenja za mamu.

The next morning, the three bunny brothers woke up very early to prepare their surprise present for Mom.

Oprali su zube, savršeno namestili svoje krevete i proverili da li su sve igračke na svom mestu.

They brushed their teeth, made their beds perfectly and checked that all the toys were in place.

Nakon toga, uputili su se u dnevnu sobu da obrišu prašinu i operu podove.

After that, they headed to the living room to clean the dust and wash the floor.

Posle su ušli u kuhinju.
Next, they came into the kitchen.

"Ja ću spremiti mamin omiljeni tost sa džemom od jagode", reče najstariji brat, "a ti, Džimi, možeš da joj napraviš svež sok od pomorandže."
"I'll prepare Mom's favorite toasts with strawberry jam," said the oldest brother, "and you, Jimmy, can make her fresh orange juice."

"Ja ću doneti malo cveća iz bašte", reče srednji brat i izađe napolje.
"I'll bring some flowers from the garden," said the middle brother who went out the door.

Kada je doručak bio spreman, zeke su oprale sve sudove i ukrasile kuhinju cvećem i balonima.

When breakfast was ready, the bunnies washed all the dishes and decorated the kitchen with flowers and balloons.

Srećna braća zečići su ušli u maminu i tatinu sobu držeći rođendansku čestitku, cveće i sveže pripremljen doručak.

The happy bunny brothers entered Mom and Dad's room holding the birthday card, the flowers and the fresh breakfast.

Mama je sedela na krevetu. Nasmešila se kada je čula svoje sinove kako pevaju "Srećan rođendan", dok su ulazili u sobu.

Mom was sitting on the bed. She smiled as she heard her sons singing "Happy Birthday," while they entered the room.

"Mama, mi te volimo", uzviknuli su uglas.

"We love you, Mom," they screamed all together.

"Volim i ja vas", reče mama ljubeći svoje sinove. "Ovo mi je najbolji rođendan do sada!"

"I love you all too," said Mom, kissing all her sons. "It's my best birthday ever!"

"Još nisi videla sve", reče Džimi namigujući svojoj braći. *"Trebalo bi da proveriš kuhinju i dnevnu sobu!"*

"You haven't seen everything yet," said Jimmy with a wink to his brothers. "You should check the kitchen and the living room!"

www.ingramcontent.com/pod-product-compliance
Lightning Source LLC
Chambersburg PA
CBHW061146070526
44584CB00033B/4432